AF337457

ÉVANGILE RÉPUBLICAIN,

OU

LA morale Évangélique d'accord avec la morale Républicaine. Ouvrage terminé par l'histoire abrégée des anciennes Républiques, et divisé en leçons Décadaires.

SEPTIÈME ÉDITION.

A PARIS,

Chez CHEMIN, Pont Michel, N.o 21,
au coin de la rue Louis.

AN VII DE LA RÉPUBLIQUE.

AVIS.

LA Bible, dont l'Évangile fait partie, est presque le seul livre de morale qui ait jusqu'à présent été entre les mains d'un très-grand nombre de familles. J'ai cru faire une chose utile, de prouver par l'exposition vraie des principes de ce code, qu'il est parfaitement d'accord avec les principes Républicains. C'est ce que démontrera la lecture de ce petit ouvrage.

PRÉCEPTES

ET EXEMPLES

choisis dans les anciens livres Hébreux.

VENDEMIAIRE.

PREMIÈRE DÉCADE.

Devoirs des Pères et Mères.

As-tu des enfans ? instruis les, et accoutume les de bonne heure à faire le bien.

Celui qui instruit ses enfans, y trouvera son bonheur et sa gloire.

L'enfant mal instruit est la honte de son père.

Devoirs des Enfans.

Honore ton père de tout ton cœur, et n'oublie pas les douleurs que ta mère a souffertes, lorsqu'elle te portait dans son sein, et qu'elle t'a mis au monde.

Que chacun respecte son père et sa mère.

Soulage ton père et ta mère dans leur vieillesse, et ne les attriste pas durant leur vie.

Celui qui afflige son père et sa mère est infâme et malheureux.

SECONDE DÉCADE.

Devoirs des Citoyens, les uns envers les autres.

Tu aimeras ton prochain comme toi-même.

Tu ne le calomnieras pas , et tu ne l'opprimeras point par la violence.

Tu ne seras ni un calomniateur public , ni un médisant secret.

Quand tu peux donner à un ami ce qu'il te demande , ne le remets pas au lendemain.

Ne trompe pas la confiance de ton ami.

Ne fais pas de procès à un homme sans sujet , lorsqu'il ne t'a fait aucun tort.

Celui qui est ami , aime en

tout temps ; et l'amitié se connait dans le malheur.

Lorsque tù verras le bœuf ou l'âne de ton frère, égarés, tu ne passeras pas ton chemin ; mais tu les lui rameneras, quand même il ne serait pas ton parent, ni ton ami, quand même il serait ton ennemi.

Si tu les vois tomber dans le chemin, tu n'y seras pas indifférent ; mais tu aideras ton frère à les relever.

Pardonne à ton prochain le mal qu'il t'a fait.

Ne cherche pas à te venger, et ne conserve pas le souvenir de l'injure qui t'aura été faite.

TROISIÈME DÉCADE.

Humanité et Bienfaisance.

Tu ne feras aucun tort à la veuve et à l'orphelin.

Si tu prêtes de l'argent à celui qui est pauvre, tu ne le prêteras pas comme un créancier impitoyable, et tu ne l'accableras pas d'usure.

Lorsque tu demanderas à ton frère quelque chose qu'il te doit, tu n'entreras pas dans sa maison pour emporter de force quelque gage ; mais il te donnera de lui-même ce qu'il pourra.

S'il est pauvre, le vêtement qu'il t'aura donné en gage, ne passera pas la nuit chez toi ; mais tu le lui rendras avant le coucher du soleil, afin qu'il se couvre de son vêtement, pendant qu'il dort, et qu'il te bénisse.

Tu ne refuseras pas à l'indigent ce que tu lui dois ; mais tu lui donneras, le même jour, le prix de son travail, parce qu'il est pauvre, et qu'il n'a que cela pour vivre.

Ne détourne pas les yeux de dessus le pauvre.

Ne méprise pas celui qui a faim, et ne diffère pas donner à celui qui souffre.

Prête l'oreille au pauvre, et réponds lui favorablement et avec douceur.

Quand tu fais du bien, sache à qui tu le fais, et ne donne qu'à celui qui est bon.

Prête à ton frère, quand il a besoin, et rends exactement ce qu'on t'a prêté.

Un peu de pain est la vie des

pauvres : celui qui le leur ôte est un homme de sang.

Celui qui arrache à un homme le pain qu'il a gagné par son travail, ou celui qui prive l'ouvrier de son salaire, est aussi coupable que celui qui assassine son frère.

N'empêche pas de faire le bien celui qui en a la volonté, et, fais du bien toi-même, quand tu le peux.

BRUMAIRE.

PREMIÈRE DÉCADE.

Respect à la Vieillesse.

Lève-toi devant ceux qui ont les cheveux blancs ; honore la personne du Vieillard.

Respect au malheur.

Tu ne parleras pas mal du sourd, et tu ne mettras rien devant l'aveugle qui puisse le faire tomber.

Hospitalité envers les étrangers.

Tu ne feras point de peine à l'étranger.

Si un étranger habite parmi vous, qu'il y soit comme s'il était né dans votre pays, et aimez-le comme vous-mêmes.

Vérité et Justice.

Tu ne mentiras pas.

Tu ne porteras pas un faux témoignage.

Tu ne suivras pas l'avis du plus grand nombre, pour rendre un jugement inique.

Tu ne t'écarteras pas de la

justice, pour condamner le pauvre en faveur du riche.

Tu ne recevras pas de présens, parce qu'ils aveuglent les plus sages, et qu'ils corrompent les plus justes.

Tu ne feras pas mourir l'innocent et le juste.

Tu ne feras rien contre l'équité. Tu ne mettras aucune différence entre le pauvre, et entre l'homme puissant; mais tu jugeras selon la justice.

Les fautes sont personnelles.

On ne punira pas les enfans pour les pères, ni les pères pour les enfans.

Le coupable ne sera puni que pour le crime qu'il aura commis personnellement.

SECONDE DÉCADE.

Probité et Bonne-foi.

Tu ne déroberas pas ; tu ne tromperas pas ton frère.

Ne fais rien contre l'équité, ni dans les jugemens, ni dans ce qui sert de règle, ni dans les poids, ni dans les mesures.

Que la balance soit juste, et les poids tels qu'ils doivent être.

Ne porte pas envie aux richesses de celui qui n'a pas de probité ; car le malheur fondra sur sa maison.

Amour du travail.

Vois la fourmi , paresseux ; considère sa conduite, et apprends à devenir sage. Elle fait , pendant l'été l'été, sa provision pour l'hiver, et amasse de quoi se nourrir.

L'indigence viendra te surprendre, comme un homme qui marché à grands pas. Si tu es diligent, ta moisson sera abondante, et l'indigence fuira loin de toi.

L'homme laborieux amène toujours l'abondance ; mais les paresseux sont toujours pauvres.

TROISIÈME DÉCADE.

Sobriété.

L'ouvrier sujet au vin, ne deviendra jamais riche.

Le vin pris modérément, est la joie du cœur ; le vin, bû avec excès, produit la colère et l'emportement, et attire de grands maux.

B

L'insomnie, la colique, et les tranchées sont le partage de l'homme intempérant.

Celui qui mange sobrement jouit d'une bonne santé.

Celui qui aime les festins, sera dans l'indigence. Celui qui aime le vin et la bonne-chère ne s'enrichira pas.

FRIMAIRE.

PREMIÈRE DÉCADE.

Bonnes-mœurs.

Ne te laisse pas séduire par les artifices des femmes sans mœurs, et vis content avec celle que tu as choisie pour épouse.

Bonne union en famille.

Trois choses sont agréables à

voir : des frères qui s'aiment ;
des parens bien unis ; un mari
et une femme qui s'accordent bien
ensemble.

Femme vertueuse, et bon ménage.

Celui qui a trouvé une femme
vertueuse, a trouvé un grand
bien, et la source de son bonheur.

Elle est plus précieuse que
l'or qui s'apporte des extrémités
du monde. Son mari met sa confiance en elle ; elle est attentive
à son ménage ; elle est l'ornement
de sa maison.

Son mari est heureux ; et elle
lui fait passer en paix tous les
jours de sa vie.

Qu'ils soient riches ou pauvres, ils auront toujours le cœur
content.

B 2

Mauvaise femme.

Il vaut mieux habiter une terre déserte, qu'avec une femme querelleuse et colère.

SECONDE DÉCADE.

Contentement passe richesses.

Du pain sec avec la joie, vaut mieux que beaucoup de bien avec des querelles.

La bonne réputation vaut mieux que les grandes richesses ; l'amitié est plus estimable que l'or et l'argent.

Douceur de caractère.

L'homme colère excite des querelles ; celui qui est patient les appaise.

Il ne faut qu'une parole de douceur pour calmer la colère, et une parole dure pour exciter la fureur.

Il ne faut croire, ni aux devins, ni aux songes.

Ne vas pas chercher ceux qui se disent magiciens, et ne consulte pas les prétendus devins.

Celui qui s'attache à de fausses visions, est comme celui qui embrasse l'ombre, et qui poursuit le vent.

Les prédictions et les songes ne sont que vanités.

Les songes ne sont que l'effet de l'imagination.

B 3

TROISIÈME DÉCADE.

Histoire de Tobie.

Tobie était un homme vertueux. Ayant été fait prisonnier de guerre, il distribuait tous les jours à ses compatriotes, prisonniers comme lui, ce qu'il pouvait avoir.

Il nourrissait ceux qui avaient faim, et donnait des vêtemens à ceux qui n'en avaient pas.

Il recouvra la liberté, et revint dans sa patrie; mais il lui arriva un autre malheur: il devint aveugle, et hors d'état de travailler.

Sa femme allait tous les jours faire de la toile, pour vivre elle et son mari; elle apportait à la maison ce qu'elle pouvait gagner du travail de ses mains.

Ce bon vieillard sentant la fin de sa vie approcher, appela son fils, et lui dit : ,,Mon fils, écoute mes conseils, et mets les dans ton cœur,,.

,, Honore ta mère tous les jours de ta vie, en te souvenant de ce qu'elle a souffert, et à combien de dangers elle était exposée, lorsqu'elle te portait dans son sein ,,.

« Ne consens jamais à aucune mauvaise action ,,.

« Sois charitable autant que tu le pourras ,,.

« Si tu as beaucoup de bien, donne beaucoup, pour soulager tes frères. Si tu as peu, donne de ce peu, et de bon cœur,,.

« Que l'orgueil ne dirige, ni tes pensées, ni tes paroles,,.

« Lorsqu'un homme aura travaillé pour toi, paye lui aussitôt ce qui lui est dû pour son travail ,,.

« Prends garde de faire jamais à un autre, ce que tu serais fâché qu'on te fît ,,.

« Demande toujours conseil à un homme sage ,,.

« Sois tranquille, mon fils. Il est vrai que nous sommes pauvres ; mais nous serons toujours assez riches, si nous sommes vertueux ,,.

PRÉCEPTES

et Exemples choisis dans l'Évangile.

NIVOSE.

PREMIÈRE DÉCADE.

Égalité.

LE maître n'est pas plus que le serviteur, ni le serviteur plus que le maître. (C'est pour cela que la Constitution française ne reconnaît pas de servitude, mais seulement un engagement de soins, d'une part, et de reconnaissance, de l'autre.)

Devoirs du Citoyen.

Sois soumis à la loi, et paye à l'Etat les contributions qui lui sont dues.

Amour de ses Frères.

Soyez bons les uns envers les autres, et pardonnez-vous mutuellement vos défauts.

Bannissez d'entre vous l'aigreur, l'emportement, la médisance, la colère, les propos, enfin tout ce qui peut tendre à rompre la bonne amitié qui doit exister entre des frères.

Aimez-vous les uns les autres, et vivez en paix.

Consolez - vous mutuellement dans vos peines.

La charité , c'est-à-dire , l'amour de ses semblables, est patiente ; elle est douce et bienfaisante ; elle n'est pas envieuse ; elle ne s'enfle point d'orgueil ; elle n'est point dédaigneuse ; elle n'est point égoïste , c'est-à-dire , elle ne néglige point les intérêts des autres , pour s'occuper uniquement des siens ; elle ne se pique et ne s'aigrit pas facilement ; elle ne conçoit pas , sans motifs , de mauvais soupçons ; elle ne se réjouit pas de l'injustice ; elle n'aime que la vérité.

Celui qui n'aimerait pas ses frères, serait un monstre , quand même il aurait toute la science possible.

SECONDE DÉCADE.

Manière de faire le bien.

Lorsque tu rends service à ton frère, ne t'en fais pas un sujet de gloire en public, comme les hypocrites ; mais fais le bien sans ostentation , et pour le seul plaisir de faire une bonne action.

Ne te lasse jamais de faire le bien.

Pardon des ennemis.

Aime tes ennemis ; fais du bien à ceux qui te haïssent , qui te persécutent , et qui te calomnient.

Quel mérite auras-tu , si tu n'aimes que tes amis , si tu ne fais du bien qu'à ceux qui t'en font , et si tu ne rends service qu'à ceux qui t'en rendent ? Fais donc

donc du bien à tous, même aux ingrats, et sans intérêt.

Justice.

Ne juge pas ton frère plus sévèrement que tu ne te juges toi-même.

Agis avec les autres, comme tu voudrais qu'ils agissent avec toi.

Que personne n'opprime son frère, et ne lui fasse tort.

Il y avait dans une commune, un juge qui s'embarassait fort peu de ses devoirs et de ses frères.

Dans la même commune, était une veuve, qui venait souvent le trouver, pour obtenir justice, et elle le sollicitait inutilement. Mais enfin, il dit en lui-même : puisque cette veuve m'importune, je lui rendrai justice, de peur qu'à la fin elle ne vienne à me dénoncer.

Cet homme qui ne faisait son devoir que par crainte, était un mauvais citoyen.

TROISIÈME DÉCADE.

Amour du travail et sobriété.

Ne te laisse point aller aux excès du vin.

Que chacun travaille de ses mains à quelque ouvrage bon et utile. Travaille de tes mains, pour te mettre en état de n'avoir besoin de personne.

Celui qui ne veut pas travailler, ne doit pas manger.

Modération dans la colère.

Si tu te mets en colère, prends garde de faire du mal.

Pas de rancune.

Que le soleil ne se couche pas sur ta colère.

PLUVIOSE.

PREMIÈRE DÉCADE.

Devoirs des Maris et des Femmes.

Que chacun aime sa femme comme lui-même ; et que la femme aime et respecte son mari.

Que la parure des femmes soit la modestie, la vertu, plutôt que de beaux habits.

Que les femmes évitent de parler en public et se tiennent dans leur ménage.

Devoirs des Pères et des Enfans.

Vous, Enfans, obéissez à vos pères et mères ; honorez votre père et votre mère : c'est le premier de tous les commandemens.

Et vous, Pères, n'aigrissez point vos enfans par un excès de rigueur ; mais ayez soin de les bien élever et de les instruire.

Devoirs des ouvriers et de ceux qui les emploient.

Vous, ouvriers, faites l'ouvrage de ceux qui vous emploient ; ne travaillez pas seulement, lorsqu'ils ont l'œil sur vous ; mais travaillez avec affection.

Et vous, qui employez des ouvriers, témoignez leur aussi de l'affection, et ne les traitez pas avec rudesse, ni avec menaces.

La vérité s'exprime simplement.

Ne fais pas de serment, pour

affirmer ou pour nier quelque chose. Contente-toi de dire : oui, non, cela est, cela n'est pas.

SECONDE DÉCADE.

Intrigans et ambitieux.

Défiez-vous de ceux qui cherchent à vous surprendre par des raisonnemens vains et trompeurs.

Défiez-vous des ambitieux qui prennent toujours les premières places dans les festins et dans les assemblées publiques, et qui veulent dominer par-tout. Ne cherchez pas à dominer, parce que vous êtes tous frères.

Défiez-vous des hypocrites, qui sont bien exacts à remplir les petites formalités de la loi, et qui en négligent les dispositions essentielles, auxquelles un bon citoyen doit principalement s'attacher , sans néanmoins dédaigner les premières.

Indigens.

S'il entre dans votre assemblée un homme richement vêtu , et un autre avec un méchant habit , ne faites aucune différence entre eux deux ; n'arrêtez pas votre vue sur le riche , et ne lui présentez pas une place par préférence au pauvre. Laissez plutôt le riche debout, pour faire asseoir celui qui ne l'est pas. Ne faites jamais d'affront aux indigens ; car ce sont les riches qui vous oppriment par leur puissance.

Mauvais riches.

Malheur aux riches avares ,

qui enfouissent leurs richesses, et qui privent les ouvriers de leur salaire.

Le mauvais riche s'habille magnifiquement, vit dans le luxe et dans les délices, et ne daigne pas donner le moindre secours au pauvre réduit à désirer, pour se nourrir, les miettes qui tombent de la table du riche, sans que personne les lui donne. Malheur à ce riche inhumain ! Il sera puni de sa barbarie.

TROISIÈME DÉCADE.

Denier de la veuve.

On faisait une collecte pour les indigens : plusieurs riches donnèrent beaucoup. Vint le tour d'une pauvre veuve qui donna deux petites pièces de peu de valeur.

Qui avait montré plus de bien-faisance, des riches qui avaient donné beaucoup, ou de la veuve qui avait donné peu ?

C'est assurément la veuve : car les riches avaient donné sur leur superflu, au lieu que la veuve avait pris sur son absolu nécessaire.

Liberté des opinions.

Jésus allait à Samarie ; mais les habitans de cette Commune, aveuglés par le fanatisme, ne voulurent pas le recevoir, parce qu'il était né dans un pays dont les habitans n'avaient pas, sur le culte, les mêmes, opinions qu'eux. Ceux qui accompagnaient Jésus, aussi fanatiques que les Samaritains, lui dirent : nous ex-citerons nos concitoyens à venir faire la guerre à cette commune

infâme qui ñe veut pas nous recevoir. Jésus les réprimanda sur
leur intolérance , et leur dit : ce
n'est pas pour perdre les hommes
par les haines et par la guerre,
que je prêche la morale ; mais
pour les rendre heureux par la
fraternité. Puisque les Samaritains ne veulent pas nous recevoir , allons-nous-en.

VENTOSE.

PREMIÈRE DÉCADE.

*Fais aux autres ce que tu veux
qu'on te fasse.*

Un riche qui possédait beaucoup de terres , les avait don-
nées à cultiver à plusieurs fermiers. Il les appela pour leur

faire rendre compte. L'un d'eux lui devait dix mille francs ; et comme il n'avait pas le moyen de le payer, le riche voulut faire vendre tous ses biens.

Le fermier amena sa femme et ses enfans devant le riche ; et tous le prièrent, les larmes aux yeux, d'avoir un peu de patience, lui promettant bien de lui tout payer. Le riche fut ému de compassion ; et consentit d'attendre encore.

Le fermier ne fut pas plutôt sorti, que rencontrant un de ses compagnons, qui lui devait cent francs, il le saisit à la gorge, et l'étouffait presque, en lui disant : rends-moi ce que tu me dois. Son compagnon se jettait à ses pieds, le conjurait et lui disait : prends un peu de patience, et je te payerai tout. Mais il ne voulut pas l'écouter; il s'en alla, et fit vendre tout ce qu'avait son compagnon, jusqu'à ce qu'il fût payé de tout ce qui lui était dû.

Les autres fermiers, voyant cette cruauté, en furent extrêmement affligés, et avertirent le riche de tout ce qui s'était passé.

Alors le riche l'ayant fait venir, lui dit : méchant homme, j'ai attendu pour ce que tu me devais, parce que tu m'en avais prié ; ne fallait-il pas que tu eusses pitié de ton compagnon, comme j'ai eu pitié de toi ?

Il le livra entre les mains de la justice, jusqu'à ce qu'il lui eût payé tout ce qu'il lui devait.

SECONDE DÉCADE.

L'Enfant prodigue.

Un homme avait deux enfans.

Il prit fantaisie au plus jeune de quitter son père. Il lui demanda la part qui lui revenait ; et l'ayant reçue, il s'en alla dans un pays fort éloigné.

Il s'y livra au plaisir ; et comme il vivait dans l'oisiveté, il ne tarda pas à donner dans toutes sortes d'excès et de débauches.

Avec ce train de vie, son bien fut dissipé en peu de temps. Il se trouva sans ressource, et forcé de se mettre au service de l'un des habitans du pays , qui lui donna ses pourceaux à garder.

Il survint une grande famine , qui réduisit ce jeune imprudent à la misère la plus affreuse.

Il rentra en lui-même, et dit : combien y a-t-il dans la maison de mon père , de gens à gages , qui ont plus de pain qu'il ne leur en faut ! et moi je suis ici à mourir de faim ! j'irai trouver mon père ; je lui avouerai ma faute , et je lui demanderai à être traité comme ceux qui sont à ses gages.

Il partit donc et alla trouver son père.

Ce bon vieillard l'ayant apperçu de loin , en fut ému ; il courut à son fils , se jetta à son cou et l'embrassa ; et son fils lui disoit : j'ai fait une grande faute , et je ne suis plus digne d'être appelé votre fils.

Mais le père ne pensant plus qu'au plaisir de revoir son fils , ordonna qu'on lui donnât des habits , qu'on lui mit un anneau

D

au doigt, et des souliers aux pieds. Il fit préparer un grand festin ; et cette fête se passa dans la plus grande joie, parce qu'un jeune-homme, qui s'était égaré du sentier de la vertu, y rentrait, et parce qu'un bon père retrouvait son fils qu'il avait cru perdu.

TROISIÈME DÉCADE.

La Bible.

Suivant l'histoire, Jésus termina sa vie par une mort réservée aux scélérats.

Cependant nous avons vu qu'il prêchait la morale la plus pure, et la pratique de toutes les vertus ; et il paraît que ses actions répondaient à ses préceptes.

C'est précisément ce qui le conduisit au supplice, dans un

pays dominé par l'aristocratie sacerdotale et financière. Elle parvint à le faire condamner par un tribunal inique, pour se défaire d'un sage, qui voyant que les prêtres et les riches égoïstes étaient toujours opposés au bonheur des citoyens, ne cessait de tonner contre l'hypocrisie des uns, et la dureté des autres.

C'est ainsi que dans un autre pays, et dans un autre temps, Socrate fut condamné à boire la ciguë, (supplice en usage à Athènes).

On a vu dans le commencement de cet ouvrage, que les anciens livres Hébreux offrent les meilleurs principes de morale. Pourquoi donc à côté d'excellens préceptes, se trouve-t-il des maximes contraires à la nature, et que la raison réprouve ? Pourquoi ces livres, qui devaient rendre les hommes plus heureux, en les rendant meilleurs, ont-ils été, pendant tant de siècles, le prétexte de misérables querelles, qui ont ensanglanté la terre, et fait gémir l'humanité ? C'est que de tout temps, il a existé des hommes qui ont cherché à induire le peuple en erreur, pour leur profit. Ce sont eux qui ont fait, des plus belles leçons de sagesse et de vertu, des exhortations à la superstition et au crime. Mais en purgeant, comme nous l'avons fait, ces livres, des erreurs que d'ambitieux sectaires y ont ajoutées, ils ne seront plus que ce qu'ils étoient dans leur origine, c'est-à-dire, des codes de morale.»

propres à ramener le bonheur sur la terre , en portant les hommes à être vertueux , et à vivre dans la fraternité républicaine.

PRÉCEPTES

et Exemples choisis dans les gouvernemens républicains.

GERMINAL.

PREMIÈRE DÉCADE.

Hommage à l'Être suprême.

LE Peuple français, en consacrant à la Divinité les principes de la déclaration des droits, et en fondant . sous ses auspices , la Constitution Républicaine , a rendu un éclatant hommage à la religion , c'est-à-dire au culte de l'Etre suprême.

Périsse à jamais le fanatisme qui a été le fléau du genre humain ! Mais loin de nous aussi, l'idée révoltante, que Dieu n'existe pas, et que l'homme de bien, malheureux, sera confondu avec le méchant couronné. Si cet odieux système était vrai, la vertu ne serait donc qu'un vain nom, et celui qui sacrifie sa fortune, sa santé, sa vie, à ses devoirs, ne serait qu'un insensé !

Oui, Dieu existe, pour récompenser la vertu, et pour punir le crime.

Voici donc en deux mots ma religion, que je trouve dans le spectacle du monde, dans mon cœur, et dans le préambule de la déclaration des droits de l'homme et du citoyen : *croyance à l'être suprême et à l'immortalité de l'ame, confiance en sa justice, et résolu-*

tion ferme de faire le bien, et d'éviter le mal.

SECONDE DÉCADE.

Égalité.

Tous les hommes sont égaux ; cela ne signifie pas qu'ils ont tous la même force, le même âge, la même taille, la même intelligence ; mais que la loi est la même pour tous, soit qu'elle protège, soit qu'elle punisse, et que les vertus seules et les talens, et non la naissance, peuvent établir des distinctions parmi les citoyens.

Le principe de l'égalité, solennellement proclamé par le Peuple français, en avertissant les hommes qu'ils sont tous frères, leur indique et leurs droits et leurs devoirs. Que l'heureux empire de la fraternité s'établisse sur la terre, et celui de la vertu s'établira en même-tems. On a souvent répété qu'il n'y a pas de république sans vertu. C'est parce qu'il n'y a pas de république sans fraternité, et que la fraternité bien entendue mène à toutes les vertus qui font le véritable Républicain.

TROISIÈME DÉCADE.

Philantropie,
ou amour de ses semblables.

Puisque nous sommes tous frères, nous devons nous aimer les uns les autres.

Si nous avons les uns pour les autres l'amitié qui doit exister entre des frères, nous serons prêts à faire, pour nos semblables, ce que nous voudrions qu'ils fissent pour nous-mêmes.

A plus forte raison, nous nous garderons bien de faire à autrui, ce que nous serions fâchés qu'on nous fit.

Ainsi nous ne porterons atteinte, ni à la liberté, ni à la propriété, ni à la sûreté de nos concitoyens.

Nous respecterons, au contraire, envers les autres, ces droits sacrés, comme nous désirons qu'on les respecte envers nous.

Exemples.

Deux régimens français étaient prêts à en venir aux mains l'un contre l'autre ; ils étaient en présence. Après avoir employé les motifs les plus touchans pour désarmer ces furieux, le maire d'Aix voyant que ses paroles sont inutiles, se précipite au milieu d'eux.

Citoyens, tirez sur moi, foulez-moi aux pieds, et sauvez - moi l'horreur de voir mes amis et mes frères s'entr'égorger sous mes yeux.

Le dévouement héroïque du magistrat du peuple, désarma les citoyens égarés ; ils oublièrent leurs querelles dans des embrassemens mutuels.

Au mois d'août 1789, la commune de Vaujours, à quatre lieues de Paris, avait été ravagée par la grêle. Les glaneuses désolées cherchaient envain quelques épis. Les glaneuses du Tremblay, qui avaient beaucoup moins souffert, arrêtent entr'elles d'abandonner à leurs voisines la portion de leur territoire qui touchait à Vaujours.

Le 17 août 1791, une tempête

affreuse s'etait élevée sur la Méditerranée ; un bâtiment venait de faire naufrage à la hauteur d'Aigues-mortes , département du Gard ; il était prêt à s'engloutir avec son équipage ; le rivage retentissait des cris des malheureux passagers. Les employés aux douanes se jettent dans un léger esquif, luttent avec courage contre les flots en fureur ; cent fois la barque disparaît aux yeux du peuple qui couvrait le rivage. On oubliait le danger de ceux au secours desquels ils allaient , pour ne songer qu'à celui qu'ils couraient eux-mêmes. Enfin ils parviennent au bâtiment , chargent l'esquif des premiers passagers qui se présentent. les déposent sur le rivage , et retournent dérober de nouvelles victimes à la mort. Six fois ces généreux citoyens bravent tous

les

les périls : ils ont la consolation d'avoir sauvé la presque totalité de l'équipage, avant que le batiment ne soit englouti dans les flots.

FLORÉAL.

PREMIÈRE DÉCADE.

Humanité et Bienfaisance.

Puisque nous sommes tous frères par la nature, l'homme qui a quelque pouvoir dans l'etat, ne doit point opprimer le faible. Le riche ne doit pas abuser de la misère du pauvre, pour le priver d'une partie de son salaire. Il serait un assassin, s'il traitait en esclave celui qui travaille pour lui, au lieu de le traiter fraternellement, et de lui payer un salaire raisonnable.

E

Que le riche ne regarde pas le bien qu'il a amassé, comme sa propriété exclusive : il outragerait la nature ; qu'il sache que tous les hommes ont droit à l'existence, et que celui qui a plus qu'il ne lui faut, est redevable de son superflu à celui qui n'a pas assez, et qui ne peut pas gagner de quoi vivre.

Si ce principe était mis en pratique, il n'y aurait ni richesse excessive, ni extrême misère ; et le bonheur se réaliserait enfin parmi les hommes. Au mois de novembre 1789, un citoyen peu fortuné donna aux riches, à ce sujet, un sublime exemple à suivre.

Exemple.

Un militaire, nommé Grosse,

trouve dans la rue, en rentrant chez lui, un enfant de six ans, abandonné, pleurant et presque nud. Grosse le conduit à son épouse qui le caresse, le réchauffe et lui donne des vêtemens.

Le lendemain ils apprennent que le père et la mère de ce jeune infortuné sont réduits à la plus affreuse indigence, et qu'ils ont fait, quoique sans succès, des efforts pour lui procurer l'entrée dans un hospice. Ces renseignemens indiquent à Grosse et à sa femme ce qu'ils ont à faire : le produit médiocre d'un bureau de tabac et d'une petite loterie, sont leurs seules ressources pour pourvoir à l'entretien et à l'éducation d'une famille nombreuse : ces considérations ne peuvent arrêter l'impulsion de ces cœurs sensibles. Ils n'avaient que sept enfans la veille, ils en ont acquis un huitième.

SECONDE DÉCADE.

Pardon des injures.

Fidèles aux lois de la fraternité, ne connoissons d'autres ennemis que ceux qui voudraient nous ravir nos droits naturels. Pour ceux là, résistons leur jusqu'à la mort ; mais soyons au-dessus de toutes les petites injures, de toutes les querelles particulières ; ce sont de légers nuages qui doivent être dissipés, aussitôt qu'ils paraissent, par les sentimens de cette précieuse fraternité, qui fait d'une société de républicains une seule et même famille.

Exemple.

Il existait à Nîmes, en 1790, un menuisier natif de Paris, qui était élevé dans les principes du culte protestant. Tous les momens que son travail lui laissait libres, il s'était habitué de bonne heure à les employer à la lecture des meilleurs traités de politique et de morale : aussi, lorsque la révolution arriva, elle trouva son esprit et son cœur disposés à en sentir les avantages, et à la servir avec un zèle et un dévouement peu communs.

Il avait un voisin qui exerçait la même profession que lui ; celui-ci d'un génie borné, d'un caractère difficile, habitué à la crapule, avide de gain, avait sucé avec le lait, la haine et le mépris qu'inspire pour tout autre culte, l'intolérant culte romain.

Les relations d'affaires, la jalousie de métier, la différence des cultes, l'estime universelle dont jouissait le parisien, lui avaient attiré l'inimitié, et l'avaient mis en butte aux persécutions de son voisin.

Celui-ci cherchait sans cesse l'occasion de le décrier ; sans cesse il portait contre lui des dénonciations sans fondement ; menaces, injures, provocations, sa haine jalouse mettait tout en usage, pour le désoler et le perdre.

La diversité des opinions religieuses dans le département du Gard était un levain de guerre civile que les ennemis de la révolution s'empressèrent de mettre en fermentation. Tandis que d'un côté, une multitude égarée, ha-

bilement conduite par les contre-
révolutionnaires , en croyant dé-
fendre la cause de Dieu , sappait
les fondemens de la liberté ; de
l'autre ses véritables amis , quelque fût leur culte , se pressaient
autour de son berceau , réunis-
saient leurs efforts pour détourner
les orages prêts à fondre sur lui,
et pour sauver leurs aveugles concitoyens de leurs mutuelles fu-
reurs. Le parisien était du petit
nombre de ceux-ci.

Enfin , on en vint aux mains
le 13 juin 1790 , et cette fatale
journée fut signalée par toutes les
horreurs de la guerre civile.

Il y eut pendant plusieurs jours
de funestes représailles. Notre
menuisier rencontre, pendant la
nuit , son ennemi errant et fugi-
tif , craignant de tomber entre
les mains de ceux qu'il persécutait

la veille. *Suis-moi*, lui dit-il, en le prenant par le bras, et il le conduit hors de la ville.

La confiance que, malgré ses injustes vexations, le malheureux avait dans la vertu de son voisin, fait qu'il s'abandonne entièrement à lui. Ils s'éloignent du grand chemin ; ils marchent en silence au travers de la campagne : après six lieues d'une route pénible, ils arrivent au village de Compos. Le parisien réveille le maire, et fait assembler la municipalité qui estimait son patriotisme et sa vertu. *Je vous confie*, leur dit ce généreux citoyen, *un homme qui ne m'aime pas, mais qui apprendra à m'estimer : sa vie était en danger ; j'ai eu le bonheur de le sauver, je le mets sous votre sauve-garde.*

TROISIÈME DÉCADE.

Haine aux Tyrans, et à la Tyrannie.

Qu'est-ce qu'un tyran ?
C'est un homme qui oublie que les autres hommes sont ses frères, et qui veut les traiter en esclaves. C'est donc l'ennemi du genre humain. Pas de grâce à un monstre de cette espèce.

Exemple.

A Rome, il y a deux mille ans, Brutus prononça lui-même l'arrêt de mort de ses fils qui trahissaient la République naissante, pour servir les intérêts du roi, que les Romains avaient chassé, et qui, avec un rassemblement

d'aristocrates émigrés , et les satellites de quelques tyrans des pays
voisins , voulait relever son trône
renversé par le courage des hommes libres. Mais il n'y réussit pas,
et tant que les Romains furent
vertueux , la République triompha de tous les despotes , et leur
fit la loi.

PRAIRIAL.

PREMIÈRE DÉCADE.

Justice.

La fraternité commande à ceux
à qui le Peuple a confié quel-
qu'autorité , de rendre justice à
tous les citoyens , sans aucune
distinction entre le riche et le
pauvre , entre le puissant et le
faible.

Ambitieux.

La fraternité nous apprend à ne pas chercher à dominer sur nos concitoyens , et à remplir fidèlement tous les postes qui nous sont confiés , sans employer des moyens indignes de l'honnête homme pour nous élever plus haut.

Douceur de Caractère.

Puisque nous sommes frères , ne nous livrons pas à l'emportement et à la colère. Agissons toujours avec cette aménité , cette bonhommie , cette franchise qui conviennent à des amis.

SECONDE DÉCADE.

Probité.

Il n'est pas besoin de dire que des frères ne doivent pas se faire le moindre tort, les uns aux autres, et que c'est encore par le principe de l'égalité, que nous devons respecter la propriété des autres, si nous voulons qu'ils respectent la nôtre.

Exemple.

Une citoyenne de la division du faubourg du Temple, réduite à la plus affreuse misère, rentrait chez elle sans avoir pu se procurer de l'ouvrage ; elle trouve sur sa route une bourse de vingt-cinq francs : malgré sa détresse, elle

la

la regarde comme un dépôt in-
violable. Le lendemain elle va
aux enquêtes , et elle découvre
celui auquel la bourse appartient ,
et la lui remet : *je suis bien fâché ,
dit cet homme , de ne pouvoir par-
tager avec vous ; mais vous voyez
mes enfans ; je ne possède que cette
somme pour pourvoir à leurs be-
soins.* Cette femme vertueuse se
retire avec la satisfaction d'une
ame pure.

TROISIÈME DÉCADE.

Surveillance commune
et patriotisme.

N'est-ce pas toujours parce-
que nous sommes frères , que nous
devons veiller à la sûreté de nos
concitoyens, leur porter secours ,
quand ils ont besoin de nous ,

F

afin qu'ils nous rendent dans l'occasion, les mêmes services ?

C'est par cette active surveillance, que se distingue le vrai citoyen, pour qui l'intérêt particulier n'est rien, auprès de l'intérêt général, qui vole sans hésiter, au secours de ses frères attaqués, de son pays menacé, et qui sacrifie tout, même sa vie, même sa famille, pour sauver sa patrie.

Exemples.

Les annales de la République fournissent déjà une foule de traits de courage et de dévouement à la Patrie, que l'on ne pourrait croire, si l'on ne savait combien est puissant le génie de la liberté. Je citerai quelques-unes de ces actions héroïques.

Dandurand , du département du Cantal , maréchal-des-logis du quatorzième régiment des chasseurs , reçoit , dans une seule affaire , à la Vendée , trente-un coups de feu et douze coups de sabre : il tombe entre les mains des rebelles. *Répète avec nous , s'écrient les brigands , vive Louis XVII ! ou bien la mort..... Vive la République* , répond avec vivacité Dandurand !

L'énergie de ce héros étonne les brigands ; il recueille toutes ses forces , et le sabre à la main , il se fait jour au milieu d'eux , et parvient à échapper à leur rage.

Michau , canonnier du département de l'Yonne , est blessé mortellement dans un combat ; son frère qui servait dans la même compagnie , vole à son secours : *laisse-moi* , lui dit Michau , re-

tourne à ta pièce et venge ma mort ;
il expire.

MESSIDOR.

PREMIÈRE DÉCADE.

Le 14 Juillet 1789 , journée célèbre , qui vit la première insurrection du peuple contre le despotisme, Humbert, compagnon horloger , natif de Langres , se joint aux habitans du district St. André ; aux premiers cris de la liberté , il vole à l'attaque de la Bastille , et faute de plomb , il charge son fusil avec des clous. Le projet était formé d'incendier l'arsenal ; Humbert en fait sentir l'inconvénient à ses camarades , et parvient à les en détourner : il fait avancer le canon , et se place à la première ligne des assiégeans ;

la Bastille est forcée, ses portes sont ouvertes; Humbert y entre le premier, s'élance au haut du donjon, désarme un soldat suisse, et le force à démonter un canon prêt à foudroyer le peuple qui couvrait la place de la Bastille; mais par une funeste méprise, il est regardé lui-même comme un ennemi par ceux qui ignoraient encore que la place fût réduite. On tire sur lui; une balle lui perce le cou.

A l'aide du Suisse qu'il avait désarmé, Humbert descent l'escalier; on le conduit aux Minimes où l'on panse sa blessure: il veut encore retourner à la Bastille; on s'y oppose, il est reconduit dans sa maison. Vers le milieu de la nuit, l'allarme se répand dans Paris; toutes les rues retentissent des cris mille fois répétés, AUX ARMES! AUX ARMES!... Humbert est réveillé en sursaut ; il se jette hors de son lit, prend ses armes et se traîne à son corps-de-garde.

SECONDE DÉCADE.

Soumission à la Loi.

Frères et égaux par la nature, nous ne reconnoissons d'autre maître que la loi, à laquelle nous devons nous soumettre tous sans distinction, pour que le bon ordre règne dans la Société. Car il n'y a que le respect de tous à la loi, qui puisse garantir à chacun la jouissance de ses droits d'homme et de citoyen.

Les républicains ne sont pas moins dociles pour se courber sous le joug de la loi, qu'ils sont fiers et intrépides pour combattre la tyrannie. Ainsi l'on a vu, sur les frontières du midi, des soldats français en état d'arrestation pour des fautes de discipline, demander avec instance l'honneur de combattre les espagnols, qui se présentaient en bataille. On ouvre les verroux qui les retiennent; ils volent au combat, mettent les ennemis en déroute, reviennent, après la victoire, poser les armes, et rentrent dans leur prison.

Paiement des contributions.

Nul citoyen n'est dispensé de l'honorable obligation de contribuer aux charges publiques.

Étrangers.

L'égalité nous fait regarder

tous les hommes, même les étrangers, comme nos frères. Aussi le Peuple français est l'ami et l'allié naturel des peuples libres. Mais nous ne voulons ni paix ni trève, avec ceux qui cherchent à nous ravir les droits sacrés que nous tenons de la nature, c'est-à-dire, avec les tyrans et leurs satellites.

TROISIÈME DÉCADE.

Piété filiale et respect à la vieillesse.

L'égalité, en supprimant toutes les vaines distinctions de l'orgueil, conserve religieusement celles établies par la nature. Ainsi des enfans républicains sont pleins d'amour et de respect pour les auteurs de leurs jours.

Par la même raison, le vieillard est honoré comme un second père.

Exemples.

Un enfant, qui est mort, à peine âgé de treize ans, en criant : *vive la République !* joignait au courage la piété filiale. Pendant tout le tems qu'il a servi, se bornant aux dépenses d'une absolue nécessité, il faisait passer à sa mère chargée d'une famille nombreuse et indigente, tout ce qu'il pouvait économiser.

Le jeune Sauvestre, de la commune de Bazal, avait suivi son père au champ de l'honneur. A quatorze ans, tambour de la première compagnie du corps des Pionniers de l'armée des Pyrénées Orientales, il s'était trouvé successivement à plusieurs affaires très-chaudes. Dans un combat, son père auprès de qui il était, ayant épuisé sa giberne, Sauvestre alla chercher dans celles des soldats qui avaient péri, des cartouches qui étaient devenues inutiles. Par son industrieuse activité, il donna à son père le moyen de se battre sans relâche, pendant toute l'action. Sauvestre, aussi courageux que le jeune héros que nous avons cité, avait avec lui un autre caractère de ressemblance. Tout ce qu'il pouvait économiser sur son prêt, il le faisait passer à sa mère chargée d'une nombreuse famille.

THERMIDOR.

PREMIÈRE DÉCADE.

Coriolan avait eu quelques désagrémens à Rome , sa patrie. Pour s'en venger , il eut la lâcheté de passer du côté des ennemis des Romains , et de venir avec eux faire la guerre à ses compatriotes. Déjà il est aux portes de Rome , à la tête d'une forte armée , et il menace du fer et du feu le pays qui l'a vu naître et qui l'a élevé. En vain plusieurs députations des Romains se présentent à lui pour désarmer son courroux. Rien ne peut le retenir, et il continue ses dévastations , comme un tigre altéré de sang. Les Romains n'ont plus d'espoir que dans les larmes de la mère de ce farouche vainqueur. Elle sort de la ville, et va trouver son fils. Coriolan oublie sa vengeance, et les armes lui tombent des mains, à la vue de celle qui lui a donné le jour. Sublime exemple qui prouve la puissance de la nature, même sur un homme assez criminel pour faire la guerre à sa patrie.

SECONDE DÉCADE.

Culte de toutes les vertus.

La République est tellement fondée sur les vertus, que la Convention nationale a remis sous leur sauve-garde, le dépôt de la Constitution, en déclarant au nom du Peuple Français, qu'il honore la loyauté, le courage, la vieillesse, la piété filiale, le malheur.

C'est

C'est donc la pratique de toutes les vertus, qui peut seule ramener sur la terre, le bonheur, que la tyrannie et le fanatisme en ont banni depuis tant de siècles.

C'est par la vertu que toutes les Républiques anciennes, Athenes, Sparte, appelée aussi Lacédémone, toutes deux situées dans la Grece, Rome en Italie, Carthage en Afrique, c'est par la vertu, dis-je, que ces Républiques devinrent puissantes et redoutables à leurs ennemis. C'est par le mépris de la vertu, par l'ambition, la soif de l'or, le luxe, qu'elles ont cessé d'exister. Tel sera le sort des Républiques modernes ; la vertu les elevera, les conservera ; la corruption les ferait rentrer dans le néant.

Exemples tirés des anciennes Républiques.

TROISIÈME DÉCADE.

Athènes.

Solon fut le Législateur d'Athènes. Il réforma les lois, de manière à régénérer les mœurs, et à ranimer dans chaque citoyen l'amour de la patrie. Il effaça la ligne de démarcation que l'orgueil avait établie entre les riches et les indigens, et il donna à ceux-ci le droit d'opiner avec les premiers dans les Assemblées publiques. Tous les citoyens étaient comptables au Gouvernement de la manière dont ils gagnaient leur vie ; et les pères, quelques riches qu'ils fussent, étaient obligés d'apprendre un métier à leurs enfans ; loi sage qui prévenait la paresse, et par conséquent, l'indigence et la corruption. Les magistrats prévaricateurs étaient punis sans délai. Les modérés, les égoïstes, qui dans les grands mouvemens de l'état, ne prenaient aucun parti, étaient notés d'infamie. La même peine étaient réservée à ceux qui négligeaient de se marier. La mémoire des citoyens morts au service de la Patrie, était honorée, et l'Etat prenait soin de leurs veuves et de leurs enfans. Cette République, après s'être élevée au plus haut degré de splendeur, s'affaiblit elle-même par des divisions intestines. Ses ennemis en profitèrent pour lui porter les coups les plus terribles, et elle finit par être réduite sous le joug des Romains.

FRUCTIDOR.

PREMIÈRE DÉCADE.

Sparte ou Lacédémone.

Dans cette petite, mais fameuse République, Lycurgue établit l'égalité sur les ruines de la puissance des hommes appelés *grands*. Il ramena les mœurs des Spartiates à une austérité inconnue chez tous les autres peuples de la terre. Son premier soin fut de bannir les richesses, le luxe, tous les arts inutiles et superflus. La seule monnaie qui eût cours, était de grosses pièces de fer ; de sorte que les citoyens ne pouvaient ni avoir chez eux, ni porter avec

eux une somme un peu considé-
rable. Ils n'avaient que des meu-
bles grossièrement travaillés avec
la coignée et la scie. Tous les
repas se faisaient en commun, et
cette habitude de *manger à la ga-
melle* fut une des premières cau-
ses qui accoutumèrent les Spartiates à une égalité parfaite.

L'éducation des enfans était des
plus sévères. Ils avaient toujours
la tête et les pieds nuds. Ils man-
geaient peu, parlaient peu, et
seulement quand on les interro-
geait. On les habituait au plus
grand respect pour la vieillesse.
La jeunesse était formée à la cour-
se, au maniement des armes, et
à tous les exercices qui peuvent
donner au corps de la vigueur.
La bravoure était honorée, le lâ-
che couvert de mépris, et privé
de l'honneur de porter les armes.

Cette égalité de mœurs fit de tous les Spartiates autant de héros, qui semblaient ne tenir ni à leur existence, ni à leur famille, ni à aucun intérêt personnel, et qui n'avaient d'autre passion que l'amour de la Patrie. Ils en donnèrent un exemple unique dans l'histoire du monde.

Xerxès, tyran d'Asie, avait levé une des plus nombreuses armées qu'on eût jamais vues, pour asservir toutes les petites Républiques de la Grèce. Sparte et Athènes, qui étaient alors les plus puissantes, furent aussi les premières à s'armer pour repousser l'ennemi commun. Afin que toutes les villes de la Grèce eussent le tems de rassembler leurs forces, il fallait empêcher l'armée de Xerxès d'avancer dans le pays. Quelques nombreuses que fussent les troupes de ce tyran Asiatique, une très-petite armée suffisait pour lui fermer quelque-tems le détroit des *Thermopyles*. Trois cent Spartiates marchent aussitôt sous la conduite de Léonidas, pour cette glorieuse expédition. On leur annonce que l'armée ennemie est si nombreuse que le soleil serait obscurci de la grêle de leurs traits : tant mieux, répondit Léonidas, nous combattrons à l'ombre. Arrivés aux Thermopyles, les Spartiates se battent comme des lions, contre une armée dix mille fois plus nombreuse. Accablés par la multitude, ils périssent tous, sans qu'il en reste un seul. Mais cet exemple inouï d'intrépidité sauva la Grèce, en glaçant d'effroi les satellites de Xerxès, en échauffant le courage des Républicains, en leur donnant le tems de se réunir.

Sparte se lassa de l'austérité de ses mœurs : le luxe s'introduisit dans ses murs , et bientôt elle fut confondue et subjuguée avec tous les petits états de la Grèce.

SECONDE DÉCADE.

Carthage.

Je ne dirai qu'un mot sur cette République, à qui son grand commerce donna quelques siècles de prospéri é. Elle portait en elle-même le germe de sa destruction. Les Carthaginois livrés à la passion du gain , étaient bien loin des vertus républicaines. La mauvaise foi, la ruse, la dureté de caractère , en firent un peuple odieux. Les Romains furent leurs ennemis implacables. Annibal , général des Carthaginois , avait quelques instans, fait trembler Rome; mais les Romains à leur tour, qui avaient juré la ruine de Carthage, la réduisirent, et rasèrent ses fondemens.

TROISIÈME DÉCADE.

Rome.

Peuples qui voulez être libres, jettez les yeux sur Rome ancienne : elle vous apprendra comment on parvient à la liberté, comment on la conserve, et comment on la perd.

Une faible peuplade, sous la conduite de Romulus, jetta sur les bords du Tibre en Italie, les fondemens du plus grand empire du monde. Ce chef ambitieux et hardi, n'eut pas assez de vertu pour établir une République. Il abusa de l'ignorance des hommes qu'il avait rassemblés , et régna sur eux. Les Romains supportèrent la domination de sept rois. Tarquin le dernier , à qui son orgueil et sa cruauté firent donner le nom de Superbe , révolta le peuple par tous les vices de la tyrannie. Ses crimes , ceux de son fils qui avait outragé les mœurs en déshonorant Lucrèce, provoquèrent une insurrection qui renversa le trône, fit chasser de Rome Tarquin et sa famille , et fonda le gouvernement républicain sur les ruines du despotisme. C'est à cette époque célèbre, que Brutus prononça lui-même l'arrêt de mort de ses deux fils qui avaient conspiré pour favoriser la rentrée du tyran.

Ce fut aussi dans cette guerre

de la liberté naissante contre les rois coalisés, qu'un jeune homme donna l'exemple d'une intrépidité inouïe. Porsenna tyran d'Etrurie, était avec son armée, aux portes de Rome, pour rétablir Tarquin sur le trône. Mucius Scœvola, persuadé qu'il suffisait de tuer le tyran pour terminer la guerre, résolut de se sacrifier au bonheur de sa patrie. Il pénétra jusques dans la tente de Porsenna pour le poignarder. Mais il se trompa de personnage, et au lieu de frapper le roi, il tua son secrétaire. Saisi et interrogé, il dit pour toute réponse : ,, Je suis Romain, nous ,, sommes trois cent qui avons ,, résolu de t'immoler, et tous ,, sacrifieront, comme moi, leur ,, vie pour exécuter ce projet. ,, Et à l'instant pour se punir lui-même d'avoir manqué son coup, ce jeune héros étendit sa main sur un brasier ardent, et il la laissait tranquillement brûler en regardant fièrement Porsenna. Celui-ci épouvanté de tant d'audace, se hâta de mettre en liberté Mucius-Scœvola, et de faire la paix avec un peuple, dont les premières passions étaient l'amour de la liberté, de la patrie, et la haine des rois.

Après la chûte du trône, des ambitieux cherchèrent à élever des factions dans Rome, pour établir leur domination sur les ruines du despotisme royal. Mais elles furent toutes écrasées par l'énergie du peuple, et la liberté triompha.

En peu de tems, la simplicité des mœurs, la haine des richesses, l'amour du travail, et le culte de toutes les vertus, firent des Romains un peuple puissant et respectable. Que ne se bornèrent-ils à opposer une vigoureuse défense à ceux qui les menaçaient ! Mais quand ils n'eurent plus d'ennemis, ils en cherchèrent, et l'ambition des conquêtes les porta à attaquer successivement tous les peuples connus. Suivis presque par-tout de la victoire, qu'ils devaient à leur courage, à leur constance dans les fatigues, à la sévérité de leur discipline militaire, ils entassèrent dans Rome toutes les richesses du monde. Alors le luxe le plus effréné succéda à cette précieuse simplicité de mœurs, qui fait le bonheur des individus et des nations ; le vice fut honoré, la vertu proscrite ; les Romains amollis, corrompus, devinrent le jouet de quelques ambitieux , qui perdirent la patrie par les guerres civiles.

Dans ces tems malheureux, où les lois étaient sans force , et la liberté sans appui , César osa essayer de s'emparer de la souveraineté du peuple. Un second Brutus, digne du fondateur de la liberté Romaine , poignarda ce traître , en plein sénat, au moment où il allait se faire couronner Empereur. Mais Rome n'était plus digne de la liberté: elle ne renfermait plus que des riches corrupteurs , et des esclaves corrompus. Aussi Brutus, et le petit nombre de républicains qui l'avaient secondé , frappèrent-ils le tyran, sans abattre la tyrannie. Un autre César se présenta , sema par-tout la terreur et le carnage, *et régna* long-tems sous le nom d'Auguste, que la plus servile adulation lui avait donné. Dès ce moment, Rome qui avait fait trembler tant de rois, ne cessa d'être sous le joug des empereurs qui la firent trembler par leur despotisme, et dont la plupart furent des monstres souillés de mille atrocités ; et enfin ce vaste empire, après avoir englouti toutes les nations , fut lui-même divisé et détruit par différens peuples , qui s'élevèrent sur ses ruines.

F I N.